$Lk^8\ 225$

LETTRE

DU

DOCTEUR BARRACHIN,

Ex-Sous-Intendant civil de la Province d'Oran,

(AFRIQUE),

A Messieurs les Membres de la Chambre des Pairs
et de la Chambre des Députés ;

SUIVIE

D'UN DISCOURS PRÉLIMINAIRE OU EXPOSÉ DES CONSIDÉRATIONS
QUI DOIVENT SERVIR DE BASES AU SYSTÈME ADMINISTRATIF
PROPRE A LA RÉGENCE D'ALGER.

LE DOCTEUR BARRACHIN,

EX-SOUS-INTENDANT CIVIL DE LA PROVINCE D'ORAN (AFRIQUE),

A Messieurs les Membres de la Chambre des Pairs et de la Chambre des Députés.

MESSIEURS LES PAIRS ET MESSIEURS LES DÉPUTÉS,

Quand une personne se croit appelée à exprimer publiquement sa pensée sur les actes d'une administration dont elle a fait partie, elle doit, ce me semble, dénoncer d'abord ceux de ces actes auxquels elle a pris part. C'est le moyen le plus clair et le plus sûr d'établir ses principes moraux et politiques, comme aussi de faire apprécier son caractère d'homme et de fonctionnaire.

Tel doit être surtout son début, si cette personne, tout inconnue qu'elle soit dans le monde politique, a cependant à manifester des opinions spéciales qu'elle juge d'une haute importance.

Or, afin que ces opinions puissent être pour le public ce qu'elles sont pour l'homme qui les professe, il faut que cet homme les montre fortement appuyées sur des faits répétés, accumulés, incontestables : des opinions ainsi produites, ainsi accompagnées, commandent l'attention et la confiance; celles qui ne reposent que sur des affections ou des antipathies sont loin d'être aussi respectables.

Quand, donc, le fonctionnaire dont il s'agit a, de cette manière, déterminé positivement le degré de confiance qn'il mérite, il peut alors exposer ses vues, établir et développer le système qu'il trouve préférale à celui d'où découlent les conséquences funestes qu'il a dénoncées. Si sa profession de foi, si la franche et nette déclaration de ses actes ont établi d'avance une conformité évidente entre ses principes et sa conduite, entre ce qu'il dit, ce qu'il a fait et ce qu'il pourra faire, sa cause devant le public est gagnée.

Je me place hardiment dans cette situation, Messieurs. Depuis longtems ce que j'ai vu me charge la conscience : il faut que je parle, il faut que je dise la vérité : tant pis pour ceux qu'elle offensera. Quand j'aurai tout dit, quand j'aurai dévoilé à vos yeux les infamies dont je fus témoin, je vous ferai juge des moyens que je crois propres à empêcher ces infamies de se renouvèler. J'essaierai de prouver que si ce que j'indique pour l'avenir eût été mis en œuvre dans le passé, je n'aurais pas à remplir aujourd'hui, Messieurs, la tâche sévère que je me suis imposée.

En me décidant à rendre publics les actes dont il est question, j'ai obéi à ce principe, que *l'indulgence pour les méchans fait tort aux bons, et doit les décourager.* Il faut que chacun porte le fardeau de ses iniquités, Messieurs; le bien en deviendra moins difficile. Par-là vous retiendrez dans les voies de la justice ceux qui ne s'en sont point encore écartés. D'ailleurs ces mêmes hommes, si couverts de méfaits, pourraient encore, dans l'ignorance où l'on serait de leur conduite, être rappelés à exercer, là ou ailleurs, les mêmes fonctions : il faut que le stigmate imprimé sur leur front arrête la main qui serait prête à signer leur nomination.

Si j'eusse écrit plus tôt sur le sujet qui m'occupe, Messieurs, il est probable qu'irrité d'une blessure récente, encore frémissant du spectacle de brigandages et d'assassinats dont j'avais été le témoin, je me fusse laissé entraîner à de trop vives récriminations. Peut-être ne me serais-je point contenté de nommer l'auteur de meurtres commis dans l'ombre, au fond des cachots, sur des victimes innocentes; car il faut bien qu'elles aient été innocentes, puisqu'on n'a pas osé dire leur crime, ni les punir en plein jour et comme le veut la loi. J'aurais été trop loin sans doute, emporté par une indignation que j'ai peine à maîtriser encore aujourd'hui, quand je pense à ce que l'on a fait en Afrique au nom du Roi et de la France de Juillet ; tandis que maintenant, plus pénétré de la noblesse de ma tâche, ayant à démontrer la nécessité où se trouve le gouvernement d'abandonner au plus vite le désastreux système d'occupation, qui n'a produit que malheurs et misère depuis bientôt quatre ans, pour en embrasser un autre plus honorable et plus propre à rendre paisibles et prospères nos possessions africaines; ayant enfin à émettre mes idées sur le choix de ce système nouveau, je ne citerai plus les faits abominables dont j'ai promis la dénonciation que comme autant de preuves à l'appui de mes opinions, que comme autant de pièces de conviction pour les personnes auxquelles je m'adresse.

D'ailleurs, Messieurs, je dois en convenir, j'aurais assez mauvaise grâce à ne point faire aujourd'hui abstraction de tout ressentiment personnel, quand M. le maréchal président du Conseil des ministres, mieux éclairé sur mes actes, a bien voulu émettre à mon égard la conviction que ma conduite avait toujours été celle d'un honnête homme, et m'assurer la reprise et la continuation de la bienveillance dont il m'avait précédemment honoré.

Ce n'est donc plus pour me défendre que je vais parler. Je ne cède plus maintenant qu'à un intérêt bien autrement grave, celui de l'utilité publique.

Toutefois, Messieurs, pour être plus impersonnels, les faits n'ont rien perdu de leur gravité; ils sont toujours là comme autant d'accusations terribles, et si leur révélation devait attirer la sévérité des lois sur celui qui s'en est rendu coupable, ce serait un salutaire exemple pour d'autres.

Ainsi, Messieurs, je parlerai sans haine et sans crainte. Fort de ma conscience, du suffrage de mes administrés, et même de la sympathie des militaires qui composaient la garnison d'Oran (1), je rendrai un compte impartial, mais fidèle, de ce que j'ai vu; j'opposerai aux actes que je signalerai comme répréhensibles ma conduite et mes actes à moi; je dirai comment j'ai mieux aimé subir la disgrâce momentanée qui m'a frappée, que de prêter lâchement les mains à ce qui se faisait à Oran. On verra avec quelle énergie j'ai

(1) Le 20ᵉ régiment de ligne.

combattu la désastreuse puissance qui se trou-
vait revêtue du commandement suprême ; lutte
trop souvent inégale, mais où je protestais du
moins quand je ne pouvais résister. Oui, Messieurs, j'en suis convaincu et je le dis avec fierté,
personne aujourd'hui n'allèguera contre moi le
moindre fait que les lois divines et humaines
puissent condamner ; j'ai fait mon devoir, je suis
exempt de blâme, et je puis hardiment reprendre,
avec utilité pour le pays, la carrière administrative, dans laquelle m'avait fait entrer la protection d'un auguste personnage.

Je dirai donc la vérité, mais la vérité tout entière. Ceux qui me connaissent savent qu'il est
dans mon caractère d'en agir toujours ainsi ; et
certes, aujourd'hui moins que jamais, je déro-
gerai à mes habitudes, puisque de ce que j'ai à
dire dépendra peut-être la conservation de notre
conquête africaine. Je sais que je vais soulever
un voile qui cache des traits bien hideux ;
j'éprouve, au moment d'y toucher, un frémisse-
ment involontaire. Il est affreux certainement de
montrer ainsi le spectacle sanglant de victimes
immolées aux passions d'un homme ; il est terrible
de demander au gouvernement raison d'avoir
mis la vie, la liberté, les biens de toute une contrée à la discrétion d'un chef cruel ; mais enfin il
faut que vous sachiez cela, Messieurs, pour que

le passé sauve l'avenir, pour que vous, manda-
taires du pays, preniez des mesures qui empêchent
ces iniquités de se renouveler. Heureusement
encore, parmi tant de maux, il en est de répa-
rables, et l'espoir de les faire finir adoucit pour
moi ce que leur révélation a de pénible.

Mais avant d'entrer en matière, Messieurs,
j'ai besoin de fortifier mon témoignage privé par
d'autres témoignages plus puissans à vos yeux ;
j'ai besoin de vous prouver que je ne suis pas
seul de mon avis relativement aux affaires d'Afrique. Je vous soumettrai donc une lettre que m'a
fait l'honneur de m'écrire un de vos collègues à
la Chambre des Pairs, un illustre général qui a
commandé en chef l'occupation d'Alger. Il a laissé
parmi les peuplades africaines une de ces répu-
tations de loyauté, de droiture, d'honneur si rares
et si belles, que l'envie et la calomnie elles-mêmes
n'osent point y toucher. J'aurai souvent à rappe-
ler sa bonne administration, à donner pour
exemple ses actes de justice et d'humanité; sa
noble figure se posera perpétuellement dans mon
récit en contraste avec la monstrueuse physiono-
mie du chef dont je vous parlais tout-à-l'heure;
et s'il m'arrivait, Messieurs, de me laisser aller
à des témoignages trop fréquents de la vénération
qu'il m'inspire, je dirais aux personnes tentées
de me blâmer : — Je ne connaissais pas M. le gé-

néral Berthezène avant d'aller en Afrique; mon admiration pour son caractère, mon dévoûment à sa personne, tiennent uniquement à la conduite qu'il a suivie en Alger.

Et cependant, Messieurs, vous le verrez, il est impossible que le premier fonctionnaire d'un pays ait été placé dans une position politique et administrative plus critique que M. le général Berthezène. Quand il est venu en Afrique, la question de conservation ou d'abandon de la colonie était plus incertaine, plus flottante que jamais, et sur le sol algérien, autour de l'honorable général, s'agitait un parti d'autant plus hostile à son égard que l'intégrité du nouveau commandant opposait plus d'obstacles aux fraudes et aux malversations. Je le déclare hautement, Messieurs, le général Berthezène n'a eu d'ennemis, à ma connaissance, que parmi les gens malintentionnés, et quiconque tenterait de le dénigrer me donnerait à l'instant même de sa personne une détestable opinion. Aussi combien ont été ignobles les attaques dirigées contre lui! ses détracteurs, à bout de leurs injures et de leurs calomnies, ont fini par dire que c'était un homme incapable. Le général Berthezène un homme incapable! Oui, sans doute, incapable de commettre une mauvaise action, de piller, de voler, d'assassiner! Mais cherchez donc plus capable que lui

quand il s'agira de représenter honorablement
la France en Afrique, et de présider à l'établissement d'un système qui coûterait à la métropole
moins d'argent, lui prendrait moins de monde,
et lui assurerait pour toujours une possession
que l'on n'a fait que compromettre depuis le dé-
part du général Berthezène.

Et pourquoi ne dit-on pas aussi que le général
Mouk d'Uzer est incapable? car il règle sa conduite administrative sur celle du général Berthezène. Interrogez les résultats, Messieurs; com-
parez-les avec ce qui est arrivé à Oran, où le
sytème du sabre prédomine, et jugez.

Disons-le, si trois hommes semblables à ces
deux généraux se fussent trouvés en Afrique,
jamais l'uniforme français n'eût été souillé,
comme il l'a été, par un horrible massacre de
vieillards, de femmes et d'enfans. Nous aurions
pour amis les fils, les maris, les pères des victimes, tous hommes qui ne respirent aujourd'hui
que haine et vengeance. Honte, honte éternelle
aux militaires qui couvrent ainsi d'opprobre leur
pays et leur drapeau! Mépris au lieu de récompense à ces profanateurs de la gloire nationale,
qui osent venir étaler effrontément devant nous
ce qu'ils appellent leur bravoure! De la bravoure!
La guerre, quand elle n'a point pour but de soutenir les droits des peuples et de résister aux

agressions de l'étranger, la guerre n'est plus alors
que de la férocité organisée. Si en 1814 et 1815
les armées étrangères eussent fait ce que nous
avons fait en Afrique, qu'auriez-vous dit, Messieurs ? Ah ! mettons fin à ces horreurs que notre
civilisation rougit de voir commettre ; soyons les
plus forts, mais aussi soyons les plus justes, les
plus généreux, les plus humains. Frappons, pu-
nissons quand il le faut, mais que la loi seule
arme nos bras ; et où donc est la loi qui ordonne
de massacrer des vieillards, des femmes, des enfans sans défense ?

Je ne connais qu'un seul reproche à adresser
au général Berthezène, c'est de n'avoir pas dé-
noncé de pareils crimes, c'est de n'avoir pas livré
leurs auteurs à la justice du pays. Le noble pair
y a mis trop de longanimité ; il a cru qu'à force de
persévérance il arriverait au but sans violences,
sans châtimens ; il a pensé que les malfaiteurs
s'étaient assez signalés, assez compromis eux-
mêmes pour qu'il pût se dispenser de sévir contre
eux. Peut-être avait-il raison, peut-être touchait-il
au moment de voir récompenser sa patience,
quand l'ordre qui le rappelait lui est parvenu.

Au reste voici la lettre qu'il m'a écrite :

« Aux bains de la Malon, le 22 juillet 1833.

» Ce n'est qu'ici, cher docteur, que j'ai reçu votre dis-
» cours préliminaire : je l'ai lu avec plaisir. Il m'a paru
» aussi bien écrit que bien conçu. Je pense comme vous :
» ce n'est qu'avec la justice que l'on mène les hommes et
» que l'on fait prospérer les États. La sévérité n'est pas de
» la cruauté ; et quand on n'inflige que les peines portées
» par les lois, personne n'a à se plaindre ; mais lorsqu'on
» met la volonté à la place de la loi, lorsqu'on prend et
» frappe par caprice ou dans des vues d'un intérêts sordide,
» on révolte tout ce qui a le sentiment de la justice. C'est
» cette conduite indigne du nom français qui a mis le pays
» d'Alger dans la situation où il se trouve, et jamais cette
» position ne s'améliorera tant qu'on ne changera pas de
» système.

» C'est ce système de violence, de rapine, de fraude et
» de cruauté qui nous a fait perdre nos possessions en
» Asie, à Madagascar et à *Saint-Domingue*, et l'ont veut
» l'importer en Afrique ! Je ne conçois pas l'aveuglement
» des colons eux-mêmes, qui, se laissant séduire par quel-
» ques avantages momentanés, y applaudissent sans pré-
» voir ce qui peut en résulter.

» Si votre ouvrage est traité dans ce sens et cet esprit ;
» si, fort de faits, vous négligez les hommes et les aban-
» donnez au jugement du public, je pense qu'il sera utile,
» parce qu'il éclairera le gouvernement et la nation, et
» c'est déjà un assez belle récompense que le sentiment
» d'avoir été utile au pays, etc., etc. »

» *Signé* BERTHEZÈNE. »

Vous le voyez, Messieurs, cette lettre de l'illustre général est la condamnation de l'affreux

système qui, toujours suivi par nous et en tous lieux, nous a partout et toujours aliéné l'esprit des populations. C'est ce système qui a soulevé contre nous tant de haines, et qui nous a fait perdre l'une après l'autre toutes nos conquêtes, vainement arrosées du sang de tant de millions d'hommes. Nous avons subi l'invasion à notre tour : la France de la restauration humiliée, vaincue, occupée par l'étranger, a donné la terrible revanche des vexations que la France de l'empire avait portées ailleurs. Voulons-nous donc recommencer la partie en Afrique?

Mais peut-être, Messieurs, la générosité, la philanthropie bien connues du général Berthezène vous semblent-elles trop excessives. Peut-être ne voyez-vous en lui qu'un homme fatigué des champs de bataille, et que ses vertus douces et paisibles font aspirer à une vie tranquille et désoccupée. Il a dit lui-même qu'il ne voulait point être vice-roi d'Alger; il a dit lui-même qu'il ne voulait que servir son pays! Eh bien! Messieurs, je vais vous soumettre l'opinion d'un autre militaire non moins conscienceux que le général Berthezène, non moins probe, non moins ennemi que lui de la fraude et des malversations; mais celui-là est un homme dans la fleur de l âge, un homme actif, ardent, d'une haute réputation comme guerrier; un homme enfin qui a rempli de son nom les bulletins de l'armée d'Afrique. Le colonel de L'Etang a vu de près et en campagne ces indigènes dont on veut à toute force nous faire des ennemis; il s'est pris avec eux corps à corps en maintes occasions, et c'est lui qui, de retour d'une expédition où l'on avait sabré des vieillards, des femmes et des enfans, reprochait aux chefs la barbarie de leur conduite : — « Ces hommes » incivilisés, leur disait-il, vous apprennent que » dans toutes leurs guerres les femmes sont res- » pectées; que la guerre ne peut exister qu'entre » des hommes, et vous pensez, vous, les gagner » en faisant pis qu'eux ? » Voici ce que m'écrivait dernièrement ce brave militaire :

« Paris, le 20 novembre 1833.

» Monsieur ,

» J'ai reçu les deux brochures que vous avez bien voulu » m'adresser relativement aux affaires d'Alger.

» Je les ai lues avec d'autant plus d'intérêt que le séjour » que je viens de faire dans ce pays m'a permis d'apprécier » davantage les opinions que vous avez manifestées dans » la courte visite que vous m'avez faite à bord de l'Algé- » siras, en rade d'Alger, au moment où nous nous croi- » sons , vous pour revenir en France , moi pour aller à » Oran (mars 1832).

» Je suis parti pour l'Afrique, me réservant d'examiner » seulement sur les lieux les idées généralement reçues sur » les moyens de colonisation; néanmoins ce n'a pas été

» sans quelque surprise que j'entendis alors le langage que
» vous teniez sur le système administratif que vous regar-
» diez comme le seul propre à la régence ; et à mesure
» que mon séjour en Afrique s'est prolongé , j'ai de plus
» en plus reconnu la justesse de vos idées ; aujourd'hui ,
» quand je crois avoir fait mon devoir comme militaire ,
» quand je crois connaître et le pays et les hommes de la
» régence , je dis et je conviens avec vous que tout sys-
» tème de *violence*, de guerre, doit être funeste en Afrique.

» Je suis entièrement de votre avis sur ce que vous dites
» de la manière et des habitudes des militaires en général
» de considérer les affaires et l'occupation d'un pays; aussi
» ai-je fort approuvé que vous réclamiez pour gouverneur
» un chef civil; moi j'ajouterai : ou un militaire qui n'ait
» plus de grade à conquérir. J'approuve aussi que vous ne
» veuilliez considérer la troupe que comme force publique,
» marchant sous la direction d'un chef militaire pour l'exé-
» cution , mais dans le cas d'une nécessité décidée et re-
» connue par un conseil de régence, qui serait chargé de
» la conservation des intérêts civils.

» Je vous déclare que si j'avais dû écrire sur le système
» administratif propre au pays d'Alger , mes conclusions
» auraient été presqu'en tous points conformes aux
» vôtres.

» Enfin j'aurais dit comme vous , Monsieur , qu'il faut
» qu'en Afrique la justice préside à tous les actes des dé-
» légués du gouvernement de la métropole ; qu'il faut un
» système proclamé officiellement afin que personne ne
» l'ignore; et toutes les fois que l'on devra sévir contre un
» individu isolé ou contre une tribu entière, il faut que ces
» actes ne soient autorisés que par des sentences rendues
» en vertu de la loi qu'on leur aura fait connaître.

» Je termine en affirmant que tant que la volonté *mo-
» bile*, *incertaine* , *intéressée peut-être* d'un chef militaire
» devra être la seule règle pour tout le monde, il n'y a rien

» à faire en Afrique : on dépensera dans ce pays beaucoup
» d'argent sans profit, et les militaires auront des combats
» sans gloire.

» Je vous écris pour rendre justice aux saines idées que
» vous avez manifestées sur Alger, et c'est avec plaisir
» que je les verrai développées dans l'ouvrage que vous
» avez annoncé.

» Je suis, etc., etc.

» *Signé* colonel L'ÉTANG. »

Vous le voyez encore, Messieurs les Pairs et
Messieurs les Députés, de l'équité, une administration intègre, une légalité impartiale, tous
les hommes de bonne foi et d'intelligence vous
en diront autant. Comme moi, le colonel de
L'Étang réclame un chef civil et vous dit que
si vous voulez absolument un chef militaire, ce
soit au moins un homme qui n'ait plus de
grades à conquérir. Tout est là. Plus de grades
à conquérir, plus d'armée active; plus d'armée
active, plus de combats; plus de combats, plus
d'ennemis. Parlons aux intérêts, Messieurs! ils
nous entendront, ils se confieront à nous, si
notre langage est franc et sans arrière pensée,
si nos paroles sont conformes à nos actes et nos
actes à nos paroles. Suivons à l'égard des Musulmans cette maxime sublime de leur pro-
phète : *O peuples croyans! remplissez vos pro-*

messes, observez fidèlement vos engagemens vis-
à-vis de ceux avec qui vous en avez contractés.

Or, tant qu'un militaire aura sa carrière ouverte
et du chemin à faire, comment voulez-vous qu'il
comprenne les idées de paix et de conciliation? il
cesserait alors d'être militaire. Dites donc aux
hommes que vous enverrez en Afrique qu'ils n'y
vont point pour se battre, mais pour administrer,
non point pour faire la guerre, mais pour faire la
paix. Alors, nommez préfet d'Alger le premier
militaire venu; qu'il sache que l'arbitraire ne
protégera plus ses actes, qu'il n'y aura pour lui
ni dictature, ni discrétion du sabre; qu'il sache
au contraire qu'on ne fait de l'administration
comme je le disais au commandant d'Oran,
qu'avec publicité et authenticité : je vous garantis, Messieurs, que ce préfet n'entrera point
en fonctions sans avoir modifié toutes ses
idées militaires. Cette espèce de révolution
intellectuelle une fois opérée en lui, vous le
verrez s'occuper spécialement et utilement des
intérêts civils; vous le verrez mettre une régu-
larité minutieuse dans tout ce qui émanera
de son administration. Il étudiera l'esprit des
populations, il cherchera les moyens de satisfaire aux préjugés indigènes sans compromettre
sa dignité, de s'attacher les naturels sans témoi-
gner ni crainte; ni faiblesse. Il écoutera toutes

les réclamations, se fera exposer tous les besoins;
il sera juste et impartial pour tous. S'il doit
punir, avant de requérir la force publique, il
voudra savoir comment et jusqu'où la loi l'y
autorise. Et alors, Messieurs, je vous le jure,
vous n'aurez plus d'ennemis à combattre, plus
de batailles à livrer; vous aurez tout au plus
quelques malfaiteurs à punir. L'industrie, le
commerce fleuriront à la faveur des communications amicales qui, protégées par la loi, s'ou-
vriront de toutes parts.

Mais alors aussi, Messieurs, le militaire administrateur qui se sera conduit avec cette pru-
dence et cette circonspection, encourra le blâme
de ses collègues de l'armée pour avoir si bien
compris sa mission. Les militaires ses égaux et
plus encore ses inférieurs, qu'il aura contrariés
dans leur manière d'envisager les choses, le
taxeront hautement d'incapacité; ils l'accuseront
de manquer de force et d'énergie. C'est ce qui
est arrivé au général Berthézène et même au
général Monk d'Uzer. Aussi beaucoup vous disent
qu'il faut en Afrique un homme comme le commandant d'Oran qui n'ait de raison que le sabre,
de justice que le bâton.

Voyez cependant ce qui se passe dans l'Inde,
Messieurs. Voyez une compagnie de pacifiques
marchands y tenir en respect cent trente millions

2

d'hommes. Comment cela se fait-il? c'est que les intérêts de cette compagnie et ceux des cent trente millions d'hommes sont exactement pondérés et liés entre eux; ce qui fait que tout marche ensemble. Mettez des soldats à la place de ces marchands et tout sera désorganisé, tout se brisera avec une horrible explosion; parce que les militaires ont des intérêts opposés à tous les intérêts civils quelconques.

Je dois vous dire en terminant, Messieurs, qu'avant de partir pour l'Afrique, j'avais déjà des idées arrêtées à l'égard du système à suivre dans la régence. Je n'ai donc point été longtems à me convaincre des avantages qui pourraient résulter d'une marche autre que celle adoptée jusqu'à présent, et presqu'aussitôt j'ai élevé la voix pour réclamer l'établissement d'une administration plus humaine, plus légale, plus digne du gouvernement, plus conforme enfin à l'esprit de notre époque. J'aurais déjà fait connaître dans tous ses détails le système administratif que je conçois, si la question première, si la haute question politique de la conversation ou de la cession d'Alger eût été plus tôt décidée : mais l'incertitude dans laquelle chacun est resté jusqu'à présent m'avait toujours empêché d'entreprendre un travail long et sérieux, qui pouvait être perdu pour le pays et pour moi.

Enfin quand j'ai vu partir la commission de colonisation, j'ai pensé que le moment de me livrer à ce travail, était arrivé; et tout d'abord, afin d'appeler l'attention de messieurs les commissaires sur les actes, qui devaient, selon moi, provoquer plus particulièrement leurs investigations, j'ai publié le discours préliminaire qui accompagne cette lettre et qui doit servir de préface à un ouvrage. Cet ouvrage sera terminé et mis sous vos yeux à l'époque où vous serez officiellement saisis de la question algérienne.

Je n'ai pas la prétention d'avoir tout dit à cet égard, Messieurs; d'autres, sans doute, vous exposeront de nouveaux griefs, vous proposeront de nouvelles améliorations : mais convaincu qu'il est du devoir de tout ceux qui se sont occupés de cette matière, de fournir aux hommes d'état chargés de décider la question, les documens qu'ils possèdent, j'ai seulement voulu vous apporter, comme un autre, le tribut de mes études et de mes observations. J'ai tâché de présenter un système complet qui satisfasse à la fois les quatre catégories d'intérêts que nous trouvons en Afrique, et les confonde dans un intérêt commun, *la prospérité du pays*. Car il ne s'agit pas d'autre chose, et celui-là aura trouvé le mot de l'énigme qui présentera le meilleur moyen de servir avec ensemble:

Les intérêts et l'honneur du gouvernement français dans l'occupation.

Les intérêts des colons et spéculateurs français ou autres ;

Les intérêts des naturels habitant les villes occupées par nous ;

Enfin les intérêts des naturels du dehors.

C'est ce que je me suis efforcé de faire. Si j'ai été assez heureux pour y parvenir , je répéterai avec M. le général Berthezène : — *C'est une belle récompense que le sentiment d'avoir été utile à son pays.*

Au reste, Messieurs, si ce que je vous ai dit ne vous paraissait point suffisant pour établir l'absolue nécessité de changer au plus vite le système administratif d'Alger, je pourrais encore invoquer à l'appui de mon opinion l'ouvrage récemment publié par Sidy Hamdan Ben Othman Khoja , fils de l'ancien secretaire d'état (Makatagy) de la régence d'Alger. Bien que m'abstenant de juger et surtout d'approuver toutes les parties de cet *Aperçu historique et statistique sur la régence d'Alger* , je dois cependant signaler à votre attention tout ce que l'auteur dit des mœurs, des usages, des préjugés civils et religieux de peuples qu'il connaît mieux que personne ; car je ne doute pas que vous n'y trouviez l'entière confirmation de ce que je viens de dire : surtout si vous jetez les yeux au bas

de la page 25o où il dit : « pourquoi les Français
» ne nous gouvernent-ils pas selon leurs institu-
» tions? pourquoi n'usent-ils pas de modération
» et n'agissent-ils pas selon les lois de la justice
» s'ils veulent régner en paix sur nous. »

Les désirs de cette population algérienne se
trouvent bien autrement exprimés dans une
NOTE TRADUITE DE L'ARABE que j'ai publiée dans
le mois d'août dernier, puisqu'ils entrent dans le
détail de toutes les dispositions avantageuses qui
étaient résultées de la confiance qui, dans le premier , ils avaient accordée aux promesses qu'on
avaient faites. Quant aux attaques virulentes de
Sidy Hamdam contre le gouvernement français,
je pense qu'il faut y voir l'expression de la colère
impuissante d'un ennemi vaincu ou d'un homme
probablement mis en avant par l'ancien dey pour
poser en principe l'impossibilité de conserver la
conquête.

J'ai l'honneur d'être avec le plus profond
respect ,

Messieurs les Pairs et Messieurs les Députés,
Votre très humble et très obeissant
serviteur,
Le docteur BARRACHIN.
Ex - sous - Intendant civil d'Oran.
Rue Saint-Louis , N. 2, aux Batignolles.

Ce 3 janvier 1834.

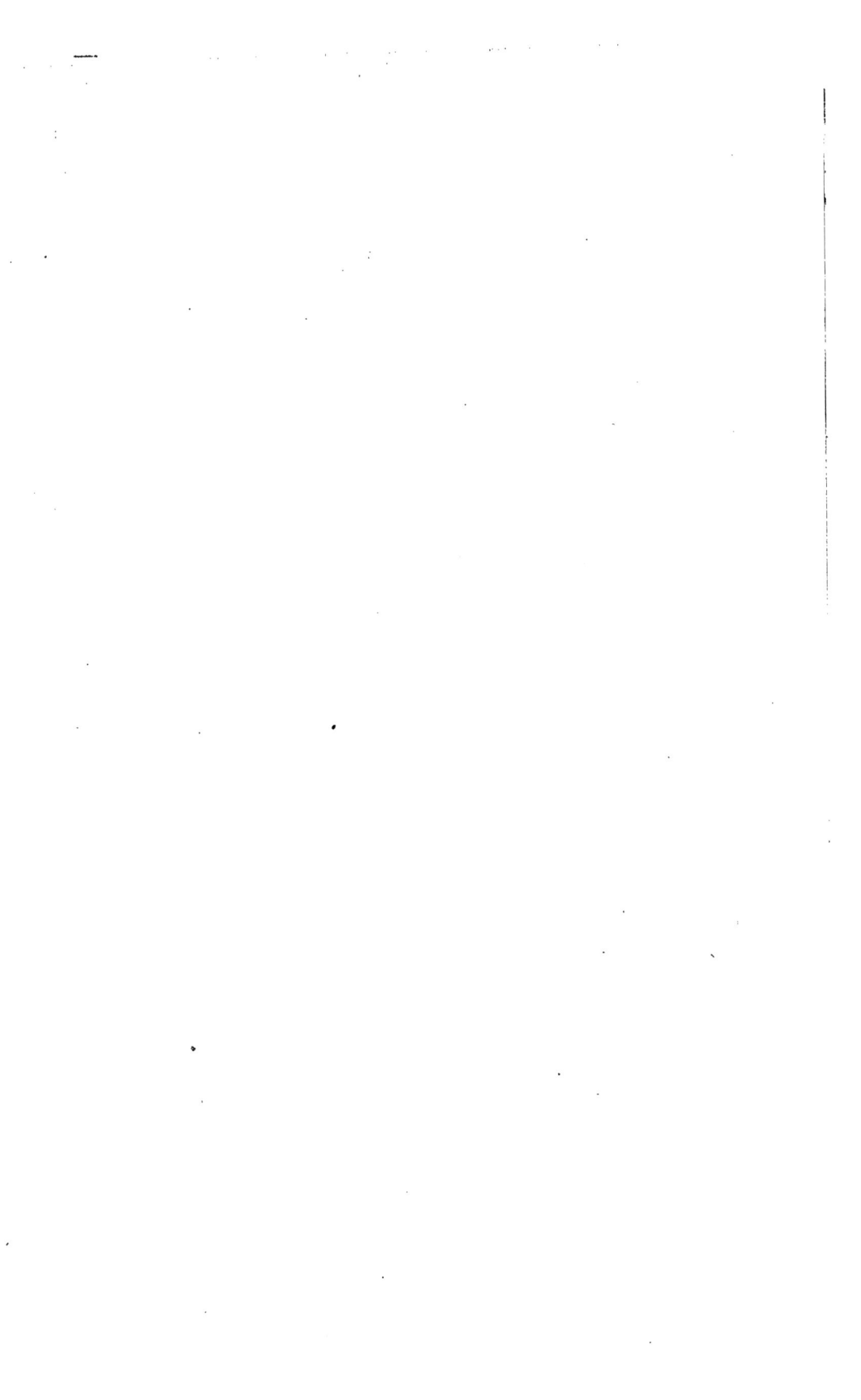

DISCOURS

PRELIMINAIRE

ou

EXPOSÉ DES CONSIDÉRATIONS

QUI DOIVENT SERVIR DE BASES AU SYSTÈME ADMINIS-
TRATIF PROPRE A LA RÉGENCE D'ALGER.

Par le Docteur BARRACHIN,

Ex-sous-intendant civil d'Oran.

———

Sub lege libertas.

Une question généralement agitée en France
est celle-ci : Garderons-nous Alger? A cette oc-
sion, toutes les susceptibilités nationales sont
en émoi; elles se refusent à croire que la France
de Juillet ne puisse conserver la seule conquête
de la Restauration : à cette occasion encore on
attribue au gouvernement des pensées qu'il n'a
sans doute pas, et auxquelles il ne pourrait se
laisser aller que par suite de convictions établis-
sant l'impossibilité de faire autrement.

Néanmoins, depuis trois ans, tout le monde
en est là sur cette question : chefs militaires en

Afrique; administrateurs civils; habitans européens et natifs; commerçans et spéculateurs en
général; pairs; députés; personne ne sait que
penser. Les ministres eux-mêmes en conseil répètent peut-être comme tout le monde : garderons-nous Alger? Que ferons-nous d'Alger? Et
avec de bonnes intentions, peut-être ne savent-
ils aussi à quoi s'arrêter, faute de documens assez
précis sur l'état réel des choses ; sur les difficultés exagérées par les uns, niées par les autres,
de conserver le pays; sur les moyens divers préconisés par chacun ; sur les vrais intérêts du gouvernement dans l'occupation, et enfin sur la manière de combiner ces intérêts avec les intérêts
locaux.

Les essais tentés jusqu'aujourd'hui peuvent
être, sans doute, pour beaucoup dans cette incertitude. Cependant il faut le dire, il serait bien
fâcheux qu'on se laissât influencer par ce qui a été
fait; que l'on se prononçât sur cette affaire d'après ce que l'on a vu, car il est impossible de
plus mal administrer, si toutefois l'on peut dire
qu'il y ait eu administration quand aucun intérêt ne s'est trouvé représenté, ni compris;
quand il n'y a pas eu de système *décidé, reconnu*,
proclamé, qui ait pu servir de guide aux employés du gouvernement et aux particuliers;
enfin lorsque les intérêts de ceux-ci ont été pres-

que constamment méconnus, ou n'ont fait qu'exciter la cupidité des administrateurs.

Pour moi, je ne connais qu'une manière de résoudre les questions que tout le monde s'adresse; cette manière, la voici :

Si la somme des avantages politiques, commerciaux et agricoles, est supérieure à celle des inconvéniens, il n'y a pas de doute, il faut garder. Si elle est inférieure, il faut chercher le meilleur moyen de se retirer de ce pays; soit en le concédant, soit en instituant nous-mêmes un chef musulman qui reconnaîtrait notre suzeraineté, et nous paierait un tribut annuel et constant, d'après des stipulations qui limiteraient nos droits et ses devoirs.

C'est donc ce qu'il convient d'examiner avec conscience; et c'est aussi ce que je suis disposé à entreprendre dans l'intérêt du gouvernement et du pays.

Si la question pouvait être résolue négativement, le parti à prendre ne serait point encore chose facile : *trop de graves considérations de nationalité et de politique intérieure* dépendent de cette décision!

Mais elle peut être résolue affirmativement. Et alors, après avoir défini d'une manière bien précise les vrais intérêts du gouvernement dans la possession, sous le rapport politique, com-

mercial et agricole; après avoir déterminé le
mode d'adjonction civile et administrative du sol
de la régence au sol de la métropole; après avoir
examiné le droit de revendication de tel ou tel
département du gouvernement; après avoir surtout reconnu la nécessité de placer cette administration sous la présidence du Conseil, ainsi
que l'avait décidé l'ordonnance du 1er décembre
1831, 'chaque ministère intervenant toutefois
pour la partie relative au département qui lui
est confié, nécessité que je rendrai plus évidente
en citant à la fin de ces prolégomênes des
exemples appuyés de pièces, et tirés de l'administration d'Oran; alors, dis-je, il faudra aborder
immédiatement une question subséquente, celle
du meilleur système administratif capable de
produire des résultats honorables pour le gouvernement et utiles pour tout le monde, en opé-
rant surtout avec une économie qui puisse être at-
testée et reconnue, même avant de commencer. Et
sur ce point, si le ministère était fidèlement in-
formé, et servi avec intégrité, il y aurait à signaler des améliorations tellement remarquables
que les résultats qu'elles produiraient iraient au-
delà de toute imagination.

. Dans cette seconde question relative au système administratif, on doit commencer par examiner si le pouvoir militaire seul, avec ses *con-*

naissances, son *esprit*, ses *habitudes*, offre assez
de garanties et suffit enfin pour inspirer de la
confiance aux spéculations en général, au commerce et aux intérêts de tout le monde; ensuite
montrer ce que l'on doit attendre de l'administration civile bien dirigée; déterminer avec pré-
cision les points de contact de ces deux autorités entre elles; démontrer clairement ce que
l'on doit attendre de l'une et de l'autre dans une
action simultanée.

Ce système administratif doit de plus être en-
visagé :

1° Sous le rapport de l'institution municipale,
pierre angulaire sur laquelle toute organisation
sociale doit être établie.

2° Sous celui des finances, question jusqu'aujourd'hui restée sans examen réel.

3° Sous celui des domaines publics et privés.

4° Enfin sous celui de la justice : question qui
doit être traitée de manière à ne pas permettre
qu'elle devienne aussi un moyen de satisfaire les
vues cupides de tant de chefs.

Cette dernière question est une des plus graves, d'abord parce qu'il faut décidément recon-
naître que les Français qui vont en Alger ne
peuvent être soumis qu'aux lois françaises (quelques modifications seulement devant être ap-
portées dans le Code de procédure); ensuite

parce qu'il faut déterminer d'une manière précise et invariable quelle législation on appliquera aux indigènes C'est cette question, si elle est traitée sainement, qui décidera le succès réel de l'occupation, et diminuera de plus de 20,000 hommes le contingent nécessaire à cette occupation.

Avec la marche que l'on suit, 30,000 hommes, un matériel immense et 21 millions par an, comme on les dépense, on ne fera rien. Avec dix mille hommes et le système administratif que je décrirai, on sera maître de toute la régence. Conséquemment, la différence dans la somme des dépenses sera grande, comme on peut l'imaginer.

La question de la justice doit être examinée, non - seulement dans toutes les divisions de l'ordre, depuis la justice de paix (qui se trouve déjà dans les habitudes des indigènes en pays musulman), les tribunaux de commerce, de police correctionnelle, de première instance, jusqu'aux tribunaux d'appel, etc., mais il faut encore déterminer d'un manière bien précise les différentes faces qu'elle doit présenter pour les Européens et les indigènes eux-mêmes ; décider si l'on doit laisser à ceux-ci leurs juges naturels, ou leur accorder l'accès de nos tribunaux ; donner des raisons à l'appui de l'un et de l'autre de ces

deux partis; dire si, dans toutes les choses qui
tiennent à la religion, au culte, nous devons
exercer un pouvoir quelconque, un contrôle,
et de quelle manière on doit l'exercer, ou si nous
ferons mieux de laisser en cela toute latitude
aux chefs spirituels du pays; déterminer dans
quelles circonstances et dans quelles formes les
Musulmans pourront invoquer l'intervention
des lois françaises dans les affaires civiles, com-
merciales, et dans les affaires contentieuses en
général, latitude éminemment propre à les rat-
tacher par quelques points à notre administration, et leur faire désirer la continuation de
notre occupation.

Il n'y a pas jusqu'à la question de la polygamie
qui ne doive être examinée avec une extrême attention, et j'ose dire que, sur cette matière, j'ai
des idées qui, j'en suis sûr, seront accueillies par
les Musulmans de la régence, en même tems
qu'elles pourront être conformes à l'esprit de
nos lois. Je dois déjà faire remarquer que, bien
que la polygamie soit autorisée par le Coran, elle
est néanmoins proscrite à Alger. Dans l'intérieur
du pays, il y a bien quelques polygames, mais
peu.

Il est constant que cette matière si grave,
puisque c'est de la manière dont elle sera traitée
que doivent dépendre le séjour des Musulmans

dans le pays, nos relations amicales ou hostiles avec les populations de l'intérieur, par conséquent les plus ou moins grandes facilités d'ap-
provisionnement, toutes choses qui touchent
directement à la question de la colonisation ; il
est constant, dis-je, que la question de la justice
ne peut être traitée sainement qu'avec une connaissance réelle des *lois*, des *mœurs* et des
usages des Musulmans. Toute prévention ou dis-
traction dans cette affaire sera funeste.

Si un travail semblable était mis entre les
mains d'un de ces hommes d'Europe, même d'un
de ces députés qui se figurent que les Musulmans sont des peuples qui vivent presque sans
lois, et que *faire de la légalité avec eux*, c'est
peine perdue, *qu'il est même ridicule d'y penser;*
que sur une semblable proposition, on *ne peut
que passer à l'ordre du jour;* sans doute on ne
ferait que du gachis, et la régence ne serait
*qu'un fardeau pour le gouvernement, un gouffre
où iraient s'enfouir les deniers publics, en nous
déshonorant aux yeux de l'Europe.*

On ne doit pas perdre de vue, au contraire,
que l'on a affaire aux peuples les plus penseurs,
les plus réfléchis, les plus moralistes connus;
qu'ils ne font pas un pas, pas un mouvement,
qu'ils ne conçoivent pas une pensée, sans tout
rapporter à la *légalité qui les gouverne*, et que

jamais on ne les trouve en dehors de leurs lois religieuses, et de leurs lois civiles, qui presque toujours dépendent les unes des autres, ni même en dehors de leurs usages. Admettons que c'est une légalité nouvelle que l'on veut leur faire adopter : d'accord; et c'est mon avis qu'il faut que cela soit. Mais encore, faut-il qu'on la leur enseigne cette légalité, qu'on la proclame, qu'ils soient, s'il est permis de le dire, *catéchisés* à cet égard. Nul doute qu'ils ne la conçoivent et ne l'adoptent de même, si respectant leurs principes religieux, les pratiques de leur culte, elle est plus avantageuse à leurs intérêts civils; si leur existence, leurs propriétés sont mieux garanties, etc. Si, au contraire, avec les antipathies religieuses, on excite encore les haines résultant des persécutions *déjà exercées dans des vues cupides; des assassinats commis sans motifs* (j'ai déjà cité des faits ailleurs), comment voudrait-on qu'ils s'attachassent à nous? On nous dit (séance du 24 mars) : « *Il faut qu'ils obéissent !* » — A qui? à quoi? comment? Prendra-t-on au moins la peine de le leur dire? Non! C'est la volonté d'un général qui règle tout : d'un général, qui souvent n'agit que par PASSION ou par intérêt, et qui plus souvent encore ne sait lui-même ce qu'il veut, et suit machinalement les inspirations des cupidités adulatrices qui l'entourent.

Si mon séjour de plusieurs années au milieu des peuples musulmans m'a fait connaître suffisamment qu'une main puissante est indispensable pour les contenir, il m'a aussi appris que ces peuples possèdent plus qu'aucun autre le sentiment du juste; et ne vous y trompez pas, cette légalité qu'ils ne comprennent pas, vous dit-on, les frappe aussi vivement que les Européens, et peut-être davantage.

Croit-on par hasard leur apprendre quelque chose de nouveau en leur parlant de *Charte*, comme nous entendons et prononçons ce mot ? Croirait-on qu'ils ne sauraient y attacher son véritable sens ? Mais ce mot *chrt* (la voyelle ne s'écrit point) était dans leur langue avant d'être dans la nôtre. Pour eux, tout traité synallagmatique entre des intérêts opposés, toute condition formée, stipulée, toute proclamation du gouvernement adressée au peuple, et dans laquelle des engagemens sont pris, est une charte ! *Conventio, pactum, lex, stipulatio, conditio*, ont leur équivalent dans le dictionnaire arabe.

C'est donc de la sévérité légale qu'il faut faire chez eux, mais non de la *barbarie*. Il faut être probe pour avoir le droit de punir le vol ; être humain pour déshabituer de l'assassinat; accueillir ces indigènes avec franchise, cordialité ; *être fidèle à ses engagemens, à ses promesses*, pour

les attacher à nous. Il faut leur frayer le chemin
de la civilisation, mais non leur tendre des piéges
sur la route pour avoir le droit de punir les
dupes; mais non les traquer comme on traque
les lions et les tigres de leurs déserts; enfin il
ne faut pas opposer aux Bédouins d'Afrique les
Bédouins de France; car ce n'est pas en se
montrant aussi féroces que les sauvages que l'on
parvient à les apprivoiser.

J'émettrai ici une opinion que j'ai toujours
professée et que je professerai toute ma vie,
c'est que je regarde comme une erreur énorme
de dire qu'un peuple n'est point fait pour la
liberté : c'est comme si l'on voulait soutenir qu'il
est plus facile de voyager de nuit à travers champs
que de jour sur les routes. Les lois sont les
routes; le jour n'est autre chose que la connaissance des lois. Qu'on ne la marchande pas cette
liberté, si dangereuse à ce que l'on dit, et l'on
verra que tous les peuples sont faits pour l'apprécier et vivre avec elle.

Il n'y a de danger que lorsqu'on la leur con-
teste ; car alors il faut qu'ils arrivent à des révo-
lutions pour l'obtenir. C'est ce qu'on a vu, c'est
ce que l'on verra encore tant qu'on s'obstinera
à refuser aux hommes ce droit qu'ils tiennent de
Dieu. Oui, j'en suis convaincu, on peut tout
faire et tout attendre des peuples avec cette

3

maxime : *Sub lege libertas.* On ne peut rien sans
elle.

Liberté du culte la plus absolue, sauf le cas
où les pratiques religieuses pourraient devenir
cause de désordres et de troubles pour la tranquillité commune ; une tendance bien marquée
à introduire chez ces indigènes les lois, les usages
français, et, par-dessus tout, le bon exemple,
l'humanité, la droiture, la douceur dans les
mœurs, la facilité des relations : voilà quels sont
et quels seront toujours les élémens que je crois
les plus propres à produire le résultat désiré. Ce
qui repousse, comme on voit, la barbare expression d'un général qui disait : « Que pour faire
» quelque chose en Afrique, il avait besoin de
» moyens pris en dehors de la civilisation.» Aussi
qu'a-t-il fait !!! Je suis, je m'en fais honneur, d'un
avis tout opposé.

Était-il donc si difficile de dire à ces peuples :
« Ce sont les lois, les usages français, les mœurs
» françaises qui vont être introduits en Alger ; c'est
» la civilisation française dans tous ses détails qui
» va régir la colonie. Que ceux qui veulent de
» nous restent avec nous et se déclarent ; que ceux
» qui n'en veulent pas se déclarent de même.
» Chacun est libre d'agir à son choix ; il y aura
» égale protection pour tout le monde. Un délai
» sera accordé aux dissidens pour vendre leurs

« propriétés et sortir du pays, etc. » Faisons de ces peuples des Français musulmans, en un mot, et on verra quel changement s'opérera.

Mais que veut-on que fassent des hommes qu'on a laissés dans la plus complète ignorance de nos intentions à leur égard, et qui n'étaient avertis pour ainsi dire de notre présence et de notre force que par des actes de barbarie dont leurs anciens beys eux-mêmes se montrèrent moins prodigues, à beaucoup près, que les vainqueurs *civilisés* qui vont puiser leurs moyens *en dehors de la civilisation.* Est-ce pour les attirer à nous que l'on maltraite tous ceux qui se déclarent nos amis ?

Je le dis hautement : on n'a fait jusqu'à présent, dans tout ce qui regarde l'Afrique, que s'éloigner du but indiqué dans le principe.

A quel déplorable système devons-nous attribuer ce changement de route !

Un châtiment justement appliqué pour un crime bien connu, bien avéré, ne nous fera jamais un ennemi; au contraire, il augmentera notre puissance morale. Mais il est affreux d'être forcé d'en convenir, *l'infidélité dans les promesses, la barbarie, la duplicité, la cupidité* dans les actes, voilà tout ce qui, de notre part, a le plus frappé les naturels de la régence. Je le dis avec conviction, il faut châtier avec vigueur, *ne jamais pardonner* ; mais il faut frapper juste, quelque soit le nombre des délinquans ou des criminels; condamnez tous les chefs et les sujets d'une tribu ; mais encore faut-il que cette condamnation soit revêtue des formes prescrites.

Quelle confiance les Africains doivent-ils avoir dans des hommes qui, se disant civilisés, n'ont ni *foi* ni *loi*, et ne sont venus chez eux que pour les *piller*, les *rançonner et les assassiner*.

Je mets tant d'importance à cette partie du système administratif nécessaire à Alger, que je ne crains pas de le dire, il faut que celui qui l'aura proposé, puisse en garantir le succès et en prendre la responsabilité, et pour en prouver l'excellence, répondre qu'il sera accueilli par tous les sectateurs du mahométisme qui se trouveront dans la régence; et je n'hésite point à le dire aussi, je *défie* qui que ce soit, *homme du gouvernement, spéculateur et commerçant français* ou *Européen, administrateur civil, chef militaire;* enfin *habitant natif de l'Algérie*, de contester avec *équité* et *savoir* celui que je proposerai. Il ne sera attaqué que par des hommes de *mauvaise foi, ayant des intérêts ou des vues opposés aux intérêts généraux* ; par des *ignorans* ou *par des envieux :* encore arriverai-je à prouver, malgré tout, qu'il n'y a pas d'autre manière de résoudre la question de la colonisation ; j'en appellerai à tous ceux qui ont des intérêts attachés à sa prospérité.

A l'égard des Européens, des Français surtout, est-il possible d'admettre qu'en quittant la France (le pays du continent d'Europe où l'on jouit de plus de liberté), ils aillent en Alger pour être soumis aux caprices, aux haines, à l'arbitraire d'un général et d'un intendant; pour vivre enfin sous un gouvernement russe? Ce serait se laisser aller à une étrange préoccupation, ou vouloir vraiment trop prouver que la colonisation est impossible; et moi, aujourd'hui que je connais les choses, je refuserais même l'intendance en chef si je devais rester sous le pouvoir militaire avec un tel système. Il est, je le déclare, *déshonorant* pour le gouvernement, *onéreux* pour le trésor, et *funeste* pour tout le monde dans les résultats.

N'est-ce pas une chose monstrueuse, et qui soulève la plus énergique indignation, qu'un général, dont les habitudes, au reste, sont connues, puisse dire à quelqu'un : « Je vous ferai couper la tête? » N'est-il pas scandaleux, à notre époque, que des hommes notables du pays, des hommes qui ont rendu de grands services aux Français, qui ont joui de la confiance entière d'un général en chef, *connu par sa grande inté-*

grité, soient obligés de fuir leur patrie pour échapper à la mort *que tient au bout de son sabre un chef militaire ?* Ces hommes sont à Paris ; pourquoi ne pas les punir légalement s'ils sont coupables ! S'ils ne le sont pas, pourquoi les poursuivre, les proscrire, menacer leur tête, ou les déporter en France et leur faire expier, par leur ruine, leur dévouement aux Français et les services qu'ils ont rendus ? En vertu de quelle loi des actes semblables ont-ils pu avoir lieu ? Jusqu'à présent l'occupation n'a été funeste qu'à ceux qui se sont déclarés nos amis.

Et les assassinats qui, sur ces derniers tems, ont encore eu lieu à Alger et à Oran, ne prouvent-ils pas que l'on doit enfin arrêter, ou du moins limiter ce pouvoir dévastateur et sanguinaire ?

Que penserait-on si je citais ici le nom d'un officier fort considéré au ministère de la guerre, et qui disait, il y a quelque tems, devant deux personnes notables que je connais : « Qu'est-ce » que nous fait à nous cette tranquillité que l'on » veut ? Avec cela, nous n'aurons aucune occa- » sion de nous signaler ; nous garderons nos » mêmes épaulettes, nous ne gagnerons pas de » croix, etc. » Voilà le langage naturel des militaires ; ils ne peuvent pas en avoir d'autre.

La question de la police mérite aussi un grande

attention. J'ai vu la perversité faire bien du mal en Alger avec cet instrument! Faire fusiller de soi-disants espions! Pourquoi? Et les complots que l'on organise, dans quel but?

Les considérations politiques qui doivent déterminer à conserver Alger, forceront naturellement à examiner la question stratégique de la défense en cas de guerre avec une ou plusieurs puissances d'Europe, et c'est surtout quand on abordera cette question que l'on sentira mieux la nécessité d'un système administratif qui détruise ces haines déjà si maladroitement excitées ; qui nous attache enfin des populations dont nous devons attendre tant de ressources. J'espère dissiper les inquiétudes que l'on pourrait avoir sur ce point. Mais où en sommes-nous avec ces populations, aujourd'hui que nous sommes parfaitement tranquilles en Europe? *Les ordres du jour de l'armée vous le disent.* Quand des généraux administrent en chef un pays, il leur faut des armées. Ces Messieurs ne conçoivent, pour la plupart, leur grade que de cette manière. Pour des armées, il faut des ordres du jour éclatants, relatant des hauts faits; pour des ordres du jour ainsi rédigés, il faut des combats; pour des combats, des ennemis; des ennemis!... On les fait en *pillant, volant, rançonnant,* en *assassinant,* enfin, contre tout droit des gens.

N'a-t-on pas vu un ordre du jour d'Oran, qui signalait la bravoure de dix-huit officiers supérieurs ; faut-il le dire, de tous les officiers supérieurs de la garnison (sans en excepter un), pour une affaire dans laquelle il y a eu *trois blessés* et *deux tués* ! Je suis certes bien loin de vouloir mettre en doute la bravoure de tous ces officiers que je connais pour la plupart, et qui tous ont fait leurs preuves sur d'autres champs de bataille que ceux d'Oran et ses environs ; je dis seulement qu'il est du dernier ridicule de faire des ordres du jour semblables, *en telle occasion.*

Mais enfin ces *ennemis*, ces *combats*, ces *ordres du jour*; tout cela fait-il les affaires de l'Etat ? Non, il faut que l'on châtie légalement et avec éclat tous les délits commis ; mais je ne veux point que l'on se serve du mot *guerre*, car pour moi qui connais et les hommes et les choses, je l'ai dit il y a longtems : « Il n'y a pas de guerre possible en Alger. » Que signifient ces destructions de populations, ces expéditions qui ne changent rien à l'état funeste des affaires ? Est-on donc bien avancé quand on a surpris et massacré trois ou quatre cents individus sans distintion *d'âge ni de sexe ?*

Quel est le militaire, digne d'un nom honorable, qui un jour rentré dans son pays, assis au

foyer domestique, auprès de sa femme, au milieu de ses enfans, ne regrettera point ce qu'il a
fait dans ces circonstances! Racontera-t-il à sa fa-
mille qu'il a lui-même donné la mort à des
femmes, à des enfans, à des vieillards infirmes,
pour satisfaire sa fougue belliqueuse ou pour
obéir à des chefs que les cris, les pleurs, les la-
mentations de tous ces malheureux n'ont point
attendris! Eh! ne rougit-il pas déjà de cette conduite? Dieu me préserve de jamais faire partie
d'expéditions semblables!

J'entends des gens qui disent : Ce sont des enfans de Bédouins, de barbares! Des enfans de
Bédouins? Eh! qu'êtes-vous vous-mêmes pour
ces Bédouins, ces barbares?.... Était-ce ainsi que
Desaix s'était fait appeler le *Sultan Adel* (juste)
dans la Haute-Égypte qu'il gouvernait! Devant
les résultats que ce système amène, devrait-on
hésiter à accepter le système d'un homme qui
vous jure sur sa tête, qu'il est prêt à livrer, qu'il
vous fera des amis de ceux-là mêmes que vous
voulez assassiner?

Ah! oui, disons-le avec vérité, c'en est assez de
toutes ces horreurs, il faut y mettre fin, car un
gouvernement qui les autorise se déshonore aux
yeux de la civilisation d'Europe. Notre époque
repousse ces destructions; il faut que les hommes
civilisés instruisent les barbares en leur donnant

l'exemple de *la loyauté*, de *l'humanité* et de *la justice.*

La preuve que le système de *guerre*, de *persécution*, *d'exécution* arbitraire est funeste, c'est qu'avant l'arrivée du général Boyer, les murs et les fossés d'Oran n'étaient point réparés; c'étaient des brèches partout; beaucoup de maisons des habitans avaient des issues dans les fossés et pouvaient favoriser les invasions; la garnison d'Oran ne se composait que de 1200 hommes fatigués de service; et cependant il n'y eut jamais d'attaque sérieuse. Les Arabes en caravanes nombreuses venaient en ville; il y avait abondance de tout; la douane faisait des recettes considérables, même sur les exportations de blé. *Le fait peut être constaté.*

Depuis, le génie militaire a remis les fortifications en état et détruit les communications qui ne devaient pas exister; la ville a reçu des moyens de défense propres à tenir les habitans dans la plus grande sécurité, et cependant, grâce à l'administration du général Boyer, tout a changé de face; les arrivages presque nuls ont réduit la population à la disette, et tout espoir de rouvrir des relations avec l'intérieur a été perdu. Aussi a-t-on été obligé de tout faire venir de France, même le bois de chauffage. Du tems du général Danremont, et même encore sous le colonel Le-

fol, un mouton entier coûtait 3o sous, et le reste
en proportion. La cause de ce changement n'est
que dans l'administration.

Si le système suivi jusqu'à ce jour était bon, ne
devrions-nous pas avoir fait plus de progrès ? Et
puisqu'au contraire nous avons perdu, puisque
nos relations avec l'intérieur sont plus difficiles
que jamais; en un mot, puisque nous sommes
moins avancés qu'après le débarquement, n'est-
on pas suffisamment autorisé à dire que le système est mauvais, et qu'il faut le changer, qu'il
faut enfin un système *loyal* qui satisfasse les intérêts des masses, et qui cependant les rattache
aux intérêts *bien définis* du gouvernement ? Je ne
croirai jamais que ce soit par des *déprédations de
toute espèce, des malversations sans fin, des violences sans raison, des persécutions sans motif, des
guet-à-pens* enfin dans lesquels on fait tomber les
gens pour les punir ensuite, que l'on puisse servir les intérêts du gouvernement. Est-ce donc en
volant que l'on donne l'exemple de la probité ?
Je ne voudrais consentir à être quelque chose à
Alger, *si l'on veut coloniser,* qu'autant que l'on
permettra de faire un exemple éclatant, de mettre
en jugement enfin le premier général ou militaire
de haut grade, quel qu'il soit, le premier fonctionnaire civil en chef ou subordonné qui aura
malversé: je voudrais proclamer cette condition

en arrivant. Je prouverais alors ce que peut faire, pour le bien du pays, pour l'honneur du gouvernement, une administration ainsi dirigée, et quand les députés verront à quelle modicité de dépenses on peut arriver avec une marche semblable, et quels sont les résultats à obtenir, les fonds seront votés avec acclamation.

Il me semble que de ces différents examens doit effectivement résulter le vrai parti qu'il convient de prendre ; et en cas de conservation décidée, l'unique système administratif *honorable, utile et possible.*

Et si je suis bien inspiré, il me semble aussi que je vois les choses assez sainement pour bien les traiter. Dégagé de tout intérêt personnel, *car je ne suis point spéculateur en Alger :* éloigné de toute intention honteusement cupide, *car je ne connais que mes émolumens avoués et connus ; car je ne mets ma satisfaction que dans le succès ;* j'ai une connaissance assez exacte des lois, des mœurs, des usages, et je dirai plus, des besoins et des vues des peuples musulmans en général, pour savoir trouver et indiquer les meilleurs moyens de les attacher à nous. J'ai été assez long-tems en Afrique pour avoir apprécié aussi les fautes, je dirai plus les crimes des agens de l'administration, pour donner les moyens d'en empêcher le renouvellement ; en sorte que, tant

en ce qui est relatif aux intérêts réels du gouvernement dans l'occupation en ce qui est relatif
aux intérêts des Européens, notamment des Français, qu'en ce qui est relatif aux intérêts des indigènes, je crois pouvoir réunir toutes les vues à
l'intérêt commun : la *prospérité du pays.*

En des circonstances aussi graves la modestie
est sans mérite ; aussi ne me piqué-je point d'en
afficher beaucoup à cet égard, parce que j'ai la
conscience que je connais ces intérêts mieux que
ceux qui les ont maniés jusqu'à présent. Je crois
avoir le droit de dire aussi que j'ai donné des
preuves que l'on pouvait attendre de moi plus de
probité que de la plupart d'entre eux, et surtout
plus de dévouement à la chose publique. Tout
le monde d'ailleurs n'a pas, comme moi, passé
quatre ans au milieu des peuples musulmans,
et tout le monde ne met pas non plus sa plus
grande *satisfaction, ses plaisirs, sa gloire,* à s'occuper de choses utiles, à faire du bien; et quand
on trouverait beaucoup d'hommes dirigés par ces
mêmes sentimens, auraient-ils les connaissances
que j'ai acquises par les positions dans lesquelles je
me suis trouvé ? En attendant, je puis dire que
jusqu'à présent il s'en est peu rencontré de semblables en Alger. D'ailleurs, quand je suis prêt
à livrer ma tête pour prouver ce que j'avance;
prêt à prendre la responsabilité d'une entreprise
comme celle qui résulterait des opinions que je

veux émettre sur la colonisation, on doit me tenir compte de l'assurance que je montre ; et je ne
vois, pour moi, qu'une obligation, celle de justifier cette assurance. Eh bien ! oui, je suis tellement convaincu qu'il n'y a rien de bon à attendre
du système suivi actuellement en Alger, que je
ne voudrais pas y participer en quoi que ce soit
(j'en ai donné la preuve), tandis que j'ai la
conviction la plus positive que le système que
j'ai à proposer est le seul *honorable, utile et possible.* Je garantis qu'il sera adopté par toutes les
classes réunies en Alger ; qu'il produira une économie ÉNORME sur le système suivi jusqu'aujour-
d'hui, nécessitera beaucoup moins de troupes,
et rattachera avec tant de succès les indigènes
à notre gouvernement, que, deux mois après
sa promulgation, je voudrais aller seul passer
un mois dans l'intérieur du pays, visiter tous
les chefs de tribus sous leurs tentes, et rapporter les preuves authentiques de leur soumission ;
je mettrais à cette condition la conservation du
poste qui me serait donné, et je ne craindrais
pas de courir la chance de le perdre. Je prouverais qu'en occupant seulement *Alger*, *Bone* et
Oran, sans faire multiplier à l'infini les forts
dans tout le pays (admettant seulement des sys-
tèmes de défense propres à chaque ville et vil-
lage où l'administration française aurait été ré-

gulièrement établie, afin de leur donner sûreté
contre les entreprises hostiles de quelque part
qu'elle vinssent, le gouvernement serait *maître
de toute la Régence ,* que l'on pourrait , comme
moi *, aller sans crainte parcourir le pays;* que les
contributions *seraient acquittées régulièrement ,
les marchés approvisionnés sans violence, la prospérité du pays assurée ,* et je dis plus *, la fidélité
de ces peuples tellement garantie* pour toutes les
circonstances possibles, que, dans un an, je ne
craindrais pas d'établir une maison de commerce
dans l'intérieur du pays, et que j'irais, en toute
sécurité, faire des plantations au-delà des occu-
pations militaires, et dans des lieux même où il
n'y en eut jamais d'établies.

Ces résultats valent bien la peine d'examiner
le système qui doit les produire, c'est ce que je
demande.

On saura alors que quand on veut coloniser
par le pouvoir militaire *seul,* agissant sans contrôle et d'une manière absolue, on ne doit avoir
aucun espoir de réussir. Moi, sous-intendant
civil de la province d'Oran, revenant à Alger à
bord d'un bâtiment de l'État, par conséquent
connu des autorités civiles et militaires, bien
que je déclinasse mes noms et qualités, bien
que j'exhibasse mes papiers pour justifier mon
identité, n'ai-je pas été obligé de déposer mon

fusil au poste du port, et d'adresser, *par écrit*, une réclamation au commandant de la place pour ravoir mon arme? Est-il possible de rien se figurer de plus ridicule? Que l'on juge par là des entraves que doivent éprouver les particuliers. N'ai-je pas vu à Oran une cargaison de légumes frais (de choux, qui ne sont contumaces dans aucun pays) pourrir en quarantaine, parce que le général voulait se venger de ce que Gibraltar avait ordonné une quarantaine pour les provenances d'Afrique! Et cependant la garnison était privée de légumes frais.

Les militaires en général (et ceci n'offre d'exception que dans ceux qui ont d'autres précédens, ou dans ceux qui ont résisté à cette influence du métier) ne comprennent la légalité qu'autant qu'elle s'accorde avec leurs vues stratégiques. Ce sont des hommes spéciaux pour la plupart, qui ne voient que les moyens de force.

Pour une colonie, il faut des hommes à vues générales, et capables de conduire un ensemble. Que demande-t-on aujourd'hui pour contenir la Régence? Des *soldats*, *beaucoup de soldats*, *des canons*, *des forts*, *de l'argent*, *beaucoup d'argent surtout : vingt et un millions !* Est-il possible ! Je ne veux que des idées, moi ! Les peuples les accepteront, et nous accepteront aussi, si nous opérons comme je l'entends; et si nous avons des soldats, que ce soit plutôt comme précaution que comme un moyen d'action.

Je suis loin de vouloir dire par là que l'on ne puisse pas trouver un général capable de diriger une entreprise semblable , *un général honnête homme.* Dieu merci, si nous avons eu et si nous trouvons encore dans les cadres de l'armée quelques-uns de ces hommes dont l'humanité s'afflige, de ces hommes qui trouvent l'impunité de leur affreuse conduite sous l'habit qui les couvre, nous pouvons nous honorer d'en avoir beaucoup qui n'ont point oublié les lois de l'honneur et de l'humanité; qui, aussi bons citoyens que braves et loyaux militaires, savent peser avec équité les intérêts qu'ils sont chargés d'administrer.

Mais ce sont ceux-là qu'il faut choisir, non pas ceux que l'opinion publique a si vilainement surnommés.

Quelle distance ne sépare pas ces deux hommes, dont l'un disait, dans une circonstance où l'on voulait le forcer à sévir avec cruauté contre quelques individus : « Dieu m'a fait pour faire du bien et non pour faire du mal; » tandis que l'autre, au contraire, répondait à un malheureux qui, en implorant une grâce, disait : « Pour l'amour de Dieu, écoutez-moi, faites-moi cette faveur! » — *Dio non mi ha fatto per fare del bene a nessuno !* On trouve dans ces deux expressions

4

le type de ces deux hommes. Le premier est le
général Berthezène; le second est trop connu
pour le nommer.

En admettant qu'un général, offrant toutes
les garanties morales que l'on doit désirer, fût
investi du gouvernement en chef de la colonie,
je voudrais encore qu'il ne revêtit que le titre de
gouverneur civil, que les troupes, placées sous
ses ordres, ne fussent considérées que comme
force publique; qu'un conseil de régence, com-
posé de tous les chefs des services civils, fût
institué, et que ce ne fût que dans des circonstances extraordinaires et avec le consentement
de ce conseil, à une majorité déterminée, et
dans laquelle sa voix ne serait point admise,
qu'il put obtenir cette dictature que tous veulent avoir, et dont on a tant abusé. Mais en tems
ordinaire il faut seulement *que le pouvoir militaire*
occupe par une force suffisante et que l'autorité ci-
vile administre.

Quelle garantie offre aux particuliers le pouvoir militaire? Aucune. Demandez aux négocians,
aux agriculteurs, aux industriels s'ils oseront
entreprendre quelque chose, sous un pouvoir
qui a toujours le mot de *mesure de haute police*
pour justifier tous ses actes, et faire tout le mal
possible.

Il est vrai que je n'entends point par autorité civile cette dictature en robe dont on a investi M. Gentil de Bussy. Je ne connais partout que le droit commun, et tout le monde doit s'y soumettre.

Quoi de plus absurde que de penser à faire, en Alger, des colonies militaires, à organiser des bataillons dans lesquels il y aurait des compagnies françaises et des compagnies arabes. Combien y a-t-il de tems que dans nos régimens les hommes de telle province ne sont plus toujours en querelle avec ceux de telle autre? En 1815 encore, dans mon régiment, il y avait un nombre de soldats d'une certaine contrée du midi; ils étaient en butte aux attaques continuelles des autres; quand il y avait quelque faute commise, *c'étaient toujours les Provençaux qui en étaient les auteurs.* Vous voulez faire des colonies militaires de gens les plus belliqueux du monde? de gens qui vont aux champs avec leurs armes; qui mangent en les tenant dans leurs jambes; qui ne les quittent jamais, les conservent même sur le lit où ils reposent avec leur femme! Y pensez-vous? N'est-ce pas préparer pour nous des *vêpres siciliennes?* Mon système n'est pas là, je l'avoue; je veux, au contraire, qu'il tende à profiter de l'activité de ces peuples pour tourner toutes leurs idées du côté de l'*agriculture*, de l'*industrie* et du *commerce*, et qu'un jour, sans s'en douter, ils ne trouvent plus que nous d'armés dans la Régence.

On me permettra de dire que ceci doit être facilement démontré aux Français constitutionnels d'aujourd'hui. Que ceux qui voudront me contester consultent l'opinion publique, questionnent tout individu, *Arabe, Cabaïl, Maure* ou *Juif* de la Régence; je ne crois pas qu'il s'en trouve beaucoup pour nier l'excellence de ce système.

Maintenant, *je dis vrai, je mens, ou je me trompe.* Il faut examiner, pour savoir à quoi s'en tenir. Il n'est pas probable que je vienne ainsi mentir en face du public; en présence des hommes du gouvernement auxquels je m'adresse; surtout en proposant mon système avant de chercher à le mettre moi-même à exécution , en donnant par conséquent tout le tems nécessaire pour l'examiner.

Si je me trompe, je donne au moins une preuve de zèle.

Mais si je dis vrai, si mes vues sont les seules bonnes à suivre, peut-on se dispenser de les accepter ? Je ne suppose pas.

Je vais plus loin maintenant, et je dis : En

suivant le système que l'on suit, on veut prouver que la colonisation est impossible, ou bien l'on ne connaît pas de meilleur méthode.

Prouver que la colonisation est impossible ! Il n'y a que les personnes initiées qui puissent avoir cette idée.

Rester dans la voie dans laquelle on est depuis le commencement, c'est dire que l'on ne connaît pas de meilleur procédé à employer.

Et quand je soutiens avec assurance que, si l'on veut coloniser, mon système est le seul qui convienne, quand j'affirme qu'il produira une économie *énorme d'hommes et d'argent ;* quand ma vie doit prouver qu'il sera accueilli par les peuples de la Régence ; je demanderai encore une fois :

Doit-on examiner mon travail ? En vaut-il la peine ?

Je suis prêt à l'entreprendre, si c'est à l'absence d'un bon sylème administratif qu'est due l'incertitude sur la colonisation de la Régence : et l'on verra alors que mon système doit convenir, comme je l'ai dit :

1° Au gouvernement ; en satisfaisant ses vues politiques, les intérêts qu'il peut honorablement avouer , et l'amour-propre national qui doit aussi un peu le guider.

2° Les vues et les intérêts de nos compatriotes , colons , négocians , industriels , spéculateurs , etc. , etc.

3° Les vues et les intérêts des Musulmans ; point dont on peut s'assurer par les hommes du gouvernement qui ont vécu au milieu des peuples musulmans et par les Musulmans même de la Régence, en exceptant toutefois ceux qui ont des intérêts directs à une restauration ; car il y en a : *ils sont connus.*

4° Les vues et les intérêts de tous les naturels appartenant à d'autres cultes.

Et je crois pouvoir dire de plus qu'en même tems que les Chambres comprendront la nécessité du vote des fonds, la question de politique extérieure sera traitée de manière à ce que l'on puisse sortir honorablement de tous les engagemens dont on entretient le public depuis quelque tems, si ces engagemens existent en effet.

Enfin, je présenterai la chose de façon que le gouvernement puisse savoir à quoi s'en tenir avant de commencer; connaître d'avance comment l'administration devra agir dans une circonstance donnée, quelle qu'elle soit; apprécier au juste les dépenses qu'il aura à faire, et avoir en perspective les résultats qu'il devra obtenir. Car, pour moi, je soutiens que le système gouvernemental à suivre en Alger doit être arrêté à Paris, et que les fonctionnaires, en Afrique, ne doivent être chargés que de l'exécution des plans du gouvernement.

Si mon travail devait être soumis à une autorité militaire compétente pour recevoir ensuite son exécution d'après les modifications qu'elle pourrait y apporter, je déclare que la connaissance que j'ai de la grande intégrité de M. le général Berthezène, de sa philanthropie, de son amour de la légalité et du bien public, et de la sympathie qui existe entre nous dans la manière d'envisager les choses, me donnent toute confiance en lui. Je ne consentirais à une suprématie militaire que dans les mains d'un homme comme lui; je déclare de plus que je serais heureux d'être employé à une entreprise qui lui serait confiée. Enfin je suis persuadé que j'obtiendrais son approbation s'il était appelé à donner son opinion sur moi et sur les vues que j'exposerai avec plus de détails dans l'écrit que je prépare, et qui sera divisé en deux parties :

La première traitera, comme je l'ai dit, des avantages *politiques*, *commerciaux* et *agricoles*.

La seconde du système administratif; ce qui comportera l'examen!

1° Du mode d'adjonction civile et administrative du sol de la Régence au sol de la métropole;

2° De l'institution municipale;

3° Du domaine et des finances;

4° De la justice.

L'ex-sous-intendant civil d'Oran,

Dᵣ BARRACHIN.

POST-SCRIPTUM.

A la page 3o, j'ai dit que je rendrais évidente la nécessité de l'intervention de chaque ministre, dans les affaires d'Afrique, pour la partie relative au département qui lui est confié ; et j'ai ajouté qu'à la fin des prolégomènes que je traitais, je donnerais des exemples appuyés de pièces tirées de l'administration d'Oran.

Le but de cette communication étant seulement de déterminer une conviction, et non pas de renouveler, quant à présent, des accusations déjà formulées ailleurs et qui doivent reparaître dans le cours de cet ouvrage, je me bornerai à dire aujourd'hui que certaines circonstances ont été telles que l'administrateur civil eût désiré pouvoir en référer à MM. les ministres des affaires étrangères, des finances, de la justice, de l'intérieur, au lieu d'être forcé de s'adresser

5

seulement au ministère de la guerre, où les questions ont pu être examinées avec une prévention contraire à la justice et aux intérêts des tiers.

Il suffit que je puisse soutenir et prouver aujourd'hui, pour que l'on sente la nécessité d'une modification :

1° Que l'on a usurpé l'autorité judiciaire qui, placée en d'autres mains, contrariait certains desseins et certains goûts ;

2° Détourné les deniers publics à la faveur de noms étrangers ;

3° Autorisé des exportations de vivres pour Gibraltar tandis qu'elles étaient attendues pour Alger où l'armée avait des *besoins pressants* ;

4° Commis des assassinats dans des vues cupides.

5° Persécuté des négocians, afin de les dégoûter et leur faire quitter le pays pour s'emparer ensuite du commerce et l'exploiter au moyen d'agens à sa dévotion;

6° Insulté les agens des puissances étrangères amies d'une façon nuisible à nos intérêts politiques.

Les faits qui peuvent être allégués à l'appui de ces assertions justifient, selon moi, la nécessité de la participation de tous les chefs des différents départemens, et c'est ce que je voulais.

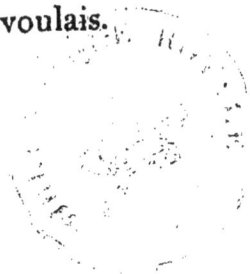

NOTA. — La publication du Traité complet du système administratif propre a la Régence d'Alger, exposé dans le présent Discours préliminaire, et annoncé pour la fin de septembre, n'a été retardée que pour raison d'opportunité. Cet ouvrage paraîtra comme il a été dit (page 23), lorsque les Chambres seront officiellement saisies de la question Algérienne.

IMPRIMERIE DE GŒTSCHY FILS ET COMPAGNIE, RUE LOUIS-LE-GRAND, N° 35.

www.ingramcontent.com/pod-product-compliance
Lightning Source LLC
Chambersburg PA
CBHW070945280326
41934CB00009B/2017